© 2023 arsEdition GmbH, Friedrichstraße 9, D-80801 München
Alle Rechte vorbehalten
Text: Nicole Büker
Illustrationen: Daniela Chudzinski

ISBN 978-3-8458-5263-8

www.arsedition.de

Nicole Büker · Daniela Chudzinski

Der kleine Esel und
die Ostergeschichte

arsEdition

Im Schatten eines Olivenbaumes wartet er, der kleine Esel.
Da kommen zwei Männer und führen ihn zu Jesus, dem Propheten
aus Nazareth. Der junge Esel bleibt ganz ruhig stehen,
als Jesus auf seinen Rücken steigt.
Um ihn herum scharen sich zwölf Jünger. Sie sind seine Freunde.
Mit ihnen zieht Jesus durch das Heilige Land, um allen
Menschen von Gott zu erzählen.
Die Leute sagen: »Jesus kann Wunder vollbringen.
Er heilt Kranke, Stumme und Gelähmte – und er
schenkt sogar Blinden das Augenlicht zurück.«

Die Menschen spüren: Gott hat
Jesus geschickt, um ihnen Liebe
und Frieden zu bringen. Und sie
verehren Jesus wie einen König.

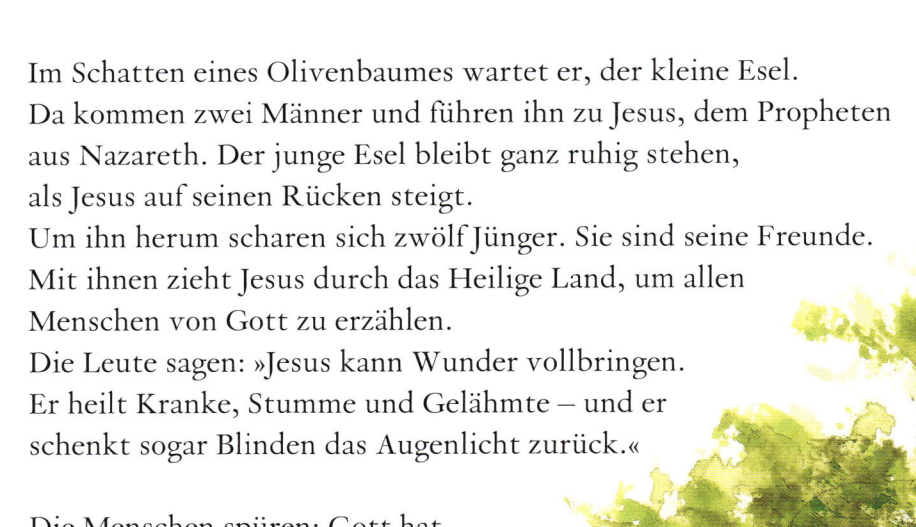

Viele Menschen machen sich auf den Weg nach
Jerusalem, um dort das bedeutende Passahfest zu feiern.
Schon weit vor den Toren der Stadt hat sich
eine lange Menschenschlange gebildet.
Da kommt Jesus auf dem kleinen Esel angeritten.
Endlich ist er da, der Messias! Er trägt kein prächtiges
Gewand und auf seinem Kopf funkelt keine Krone.
Doch die Freude der Menschen ist groß.

Sie bereiten Jesus einen königlichen Empfang.
»Hosanna«, rufen sie. »Hosanna. Gelobet sei, der da
kommt im Namen des Herrn.«
Viele breiten ihre Kleider auf dem staubigen Boden aus
und winken Jesus mit Palmzweigen zu.
Die Kinder begrüßen ihn mit Jubelrufen und springen
fröhlich umher. Und der kleine Esel schreitet stolz
über den Teppich aus bunten Kleidern.

Am Fuße des Tempels bleibt der kleine Esel stehen.
Jesus will in Ruhe zu Gott beten. Doch beim Betreten
des Gotteshauses schlägt ihm lautes Stimmengewirr entgegen.
Jesus ist entsetzt. Der Tempel wird als Markthalle genutzt!
Überall stehen Verkaufsstände. Die Händler verkaufen Opfertiere
und wechseln Geld.
Empört ruft Jesus: »Das Haus Gottes soll ein Haus der Gebete sein!
Ihr aber habt eine Räuberhöhle daraus gemacht.«
Wütend stößt Jesus die Tische der Taubenhändler und
der Geldwechsler um. Die Händler flüchten schimpfend
mit ihren Tieren aus dem Gotteshaus.
Nun kommen Blinde und Kranke zu Jesus, um das Wunder
der Heilung zu erfahren. Darüber sind die Tempelpriester
zutiefst verärgert. Sie stecken die Köpfe zusammen und
überlegen, wie sie den Unruhestifter Jesus
aus dem Weg räumen können.

Der kleine Esel trägt Jesus zu dem Haus, in dem
die Jünger eine große Tafel festlich gedeckt haben.
Alle freuen sich auf ein schönes Passahfestmahl.

Doch Jesus spürt, dass dies das letzte Abendmahl
mit seinen Jüngern sein wird. Er erzählt seinen Freunden,
dass er sterben muss. Weil einer unter ihnen ist, der ihn
an die Hohepriester verraten wird.
Jesus spricht: »Bitte liebt einander so, wie ich euch geliebt habe.«
Als Zeichen seiner Liebe sitzt Jesus mit den Zwölfen am Tisch.
Er bricht das Brot, dankt Gott und sagt:
»Nehmt und esst, das ist mein Leib.«
Dann nimmt er den Kelch mit Wein, dankt Gott und spricht:
»Nehmt und trinkt daraus. Das ist mein Blut, das ich
für euch alle vergießen werde.«
Die Jünger machen sich große Sorgen. Doch Jesus erklärt,
dass die Liebe zu ihnen stärker sei als der Tod.
Und er verspricht ihnen, dass er am dritten Tag
nach seinem Tod zu ihnen zurückkehren wird.

Nach dem Mahl zieht der kleine Esel mit Jesus
und seinen Jüngern hinaus zum Ölberg. Die ganze
Zeit über muss Jesus an den schweren Weg denken,
der nun vor ihm liegt. Er fürchtet sich davor und möchte
nicht alleine sein. Die Sterne funkeln hell, als Jesus,
gefolgt von drei Jüngern, den Garten Gethsemane betritt.
»Liebe Freunde, wartet hier. Haltet Wache,
während ich bete«, bittet Jesus.
Er tritt ein paar Schritte zur Seite und kniet unter
einem der großen Ölbäume nieder.
Im Gespräch mit Gott findet er endlich Ruhe.
Gott schenkt ihm neue Kraft. Jesus hofft, dass auch
seine Jünger mit ihm beten. Doch es ist sehr spät geworden
und seine Freunde schlafen ein. Jesus fühlt sich
von ihnen alleingelassen, er ist enttäuscht.
»Auf mich kannst du dich verlassen!«, denkt der treue Esel,
und er hält seine Augen offen, um Jesus zu beschützen.

Judas, einer der Jünger, eilt mit einer Schar bewaffneter
Männer in den Garten. Der kleine Esel springt erschrocken
zur Seite. Da schreitet Judas direkt auf Jesus zu, küsst ihn
auf die Wange und sagt: »Das ist er.« Mit dem Kuss
hat Judas seinen Freund Jesus an die Soldaten verraten.
Als Lohn dafür soll Judas dreißig Silberstücke von
den Hohepriestern bekommen. Die Soldaten fesseln Jesus
und verhaften ihn. Jesus denkt daran, dass er täglich
bei ihnen im Tempel gewesen ist.
»Wie zu einem Räuber seid ihr gekommen, um mich
mit Schwertern und Knüppeln zu fangen«, sagt Jesus traurig.
Voller Angst fliehen nun die Jünger.
Nur der kleine Esel trippelt mutig hinter Jesus
und den Soldaten her.

Der kleine Esel lässt Jesus nicht im Stich. Wie ein echter
Freund wartet er am Haus des Hohepriesters Kaiphas.
Dort beraten sich alle Hohepriester mit den Ältesten
und Schriftgelehrten. Die Hohepriester wollen, dass Jesus
gekreuzigt wird. Daher lassen sie ihn zu Pontius Pilatus,
dem Stellvertreter des römischen Kaisers, bringen.
»Bist du der König der Juden?«, fragt Pilatus.
»Ja, das bin ich«, antwortet Jesus. Pontius Pilatus ist unschlüssig.
Ist Jesus wirklich gefährlich? »Dieser Mann ist ein Unruhestifter,
ein Gotteslästerer. Er hat Böses getan!«, rufen die Hohepriester.
»Was soll ich tun?«, fragt Pilatus.
»Kreuzigt ihn!«, rufen die Anwesenden.
Schließlich beugt sich Pilatus den Hohepriestern und
verurteilt Jesus zum Tod am Kreuz. Die Soldaten schlagen
und verspotten den König der Juden.
Sie ziehen Jesus einen roten Mantel an und setzen ihm
eine Dornenkrone auf den Kopf.

Petrus wärmt sich im Hof des Hohepriesters am Feuer.
Er ist traurig, weil man Jesus verurteilt hat, und überlegt,
wie er seinem Freund helfen könnte. Da geht eine von
den Mägden des Hohepriesters auf Petrus zu.
Sie blickt ihn an und spricht: »Du bist auch ein Jünger von Jesus.«
»Nein«, antwortet Petrus erschrocken. In dem Moment
kräht plötzlich ein Hahn. »Tatsächlich, du bist einer
der Jünger Jesu«, sagen die Leute.

»Ich kenne diesen Menschen nicht«, sagt Petrus,
denn er hat schreckliche Angst, dass die Soldaten auch ihn
gefangen nehmen. Doch als er Jesus zum dritten Mal
verleugnet, schaut der kleine Esel ihn vorwurfsvoll an.
Da erinnert Petrus sich an die Worte, die Jesus beim
letzten Abendmahl zu ihm gesagt hat:
»Noch ehe der Hahn zweimal kräht, wirst du
mich dreimal verleugnen.«
»Ich wollte meinen besten Freund
nicht verraten«, schluchzt Petrus.
Er schlägt die Hände vors Gesicht
und weint bitterlich.

Oben auf dem Berg Golgatha ziehen die Soldaten
Jesus die Kleider aus. Zwischen zwei Räubern
nageln sie ihn, wie einen Verbrecher, ans Kreuz.
Sogar seine Kleider verlosen sie untereinander.
Jesus hat großen Durst und schreckliche Schmerzen.
»Warum nur? Warum konnte das niemand verhindern?«,
denkt der kleine Esel traurig.
Doch Jesus betet sogar in seiner
schwärzesten Stunde zu Gott und
bittet ihn, seinen Feinden
zu vergeben.

Als nach vielen Stunden eine große Finsternis über
das Land hereinbricht, zerreißt der Vorhang im Tempel
von oben bis unten in zwei Stücke.
»Das ist ein Zeichen von Gott. Jesus war tatsächlich
Gottes Sohn«, sagen die Leute. Und sie wissen: Jesus hat
die Menschen so sehr geliebt, dass er für ihre Sünden
gestorben ist. Doch seine Liebe ist viel stärker
als der Tod, sie wird die ganze Welt verändern.

Es ist schon Abend, als die Freunde von Jesus den
leblosen Körper vom Kreuz nehmen. Josef von Arimathäa
hüllt ihn in ein weißes Leinentuch und legt ihn vorsichtig
auf den Rücken des kleinen Esels. Langsam trottet der Esel zu
einem Grab, das frisch in den Felsen gehauen ist.
Hier soll Jesus seine Ruhe finden.

Die Jünger nehmen die Dornenkrone von
seinem Kopf und beten zum letzten Mal für Jesus.
Es tut ihnen sehr leid, dass sie geflohen sind und
dass sie Jesus nicht mehr helfen konnten. Weinend
verabschieden die Jünger sich von ihrem Freund.
Und der kleine Esel schaut traurig zu, als sie einen
großen Stein vor den Höhleneingang rollen.

An dem Tag, den wir Ostersonntag nennen, spürt
der kleine Esel: Es ist etwas Ungewöhnliches geschehen!
Früh am Morgen gehen drei Frauen mit duftenden Ölen
zum Grab, um Jesus zu salben. Doch was ist das?
Jemand hat den großen Stein zur Seite gewälzt!
Verwundert betreten die Frauen die leere Grabhöhle.
Da erscheint ihnen ein Engel in einem strahlend
weißen Gewand. Voller Angst knien die Frauen nieder.
»Fürchtet euch nicht! Jesus von Nazareth, der Gekreuzigte,
ist auferstanden«, sagt die Lichtgestalt mit sanfter Stimme.

»Jesus lebt?«, staunen die Frauen. »Geht hin und erzählt
seinen Jüngern davon«, spricht der Engel weiter.
»Verkündet ihnen, sie sollen nach Galiläa gehen.
Dort werden sie Jesus sehen.«
Voller Freude laufen die Frauen davon,
um die frohe Botschaft zu verkünden:
Jesus hat sein Versprechen wahr gemacht!
Er ist zurückgekehrt, um allen zu zeigen,
wie groß Gottes Liebe ist.

Als die Jünger zusammen am Ufer sitzen, steht Jesus
plötzlich vor ihnen und zeigt ihnen seine Wunden.
Dankbar fallen die Jünger vor ihm auf die Knie.
Sie umarmen Jesus und berühren voller Freude seinen Körper.
Auch der kleine Esel weicht nicht mehr von seiner Seite.

»Geht hinaus in die Welt«, sagt Jesus zu seinen Freunden.
»Und macht alle Menschen zu meinen Jüngern. Tauft sie
auf den Namen des Vaters und des Sohnes und
des Heiligen Geistes. Erzählt ihnen von dem, was ich
getan habe, und lehrt sie, was ich euch über Gott gelehrt habe.
Ich verspreche euch: Ich werde immer bei euch sein.
Auch wenn ihr mich nicht sehen könnt, beschütze ich
euch mit meiner Liebe bis zum Ende der Welt.«